Tom Grito

ANTES QUE SEJA TARDE
PARA SE FALAR DE POESIA

Tom Grito

**ANTES QUE SEJA TARDE
PARA SE FALAR DE POESIA**

Todos os direitos reservados à Editora Malê

Editora Malê

Direção
Francisco Jorge e Vagner Amaro

Antes que seja tarde para se falar de poesia
2023

ISBN 978-65-85893-06-0

Capa e projeto gráfico
Daniel Minchoni

Diagramação e projeto gráfico miolo
Ale Santos

Edição
Francisco Jorge

Revisão
Léia Coelho

Texto revisado segundo o novo Acordo Ortográfico da Língua Portuguesa.

Dados Internacionais de Catalogação na Publicação (CIP)
(Câmara Brasileira do Livro, SP, Brasil)

```
Grito, Tom
    Antes que seja tarde para se falar de poesia / Tom
Grito. -- Rio de Janeiro : Malê Edições, 2023.

    ISBN 978-65-85893-06-0

    1. Poesia brasileira I. Título.

23-181102                                         CDD-B869.1
```

Índices para catálogo sistemático:

1. Poesia : Literatura brasileira   B869.1

Eliane de Freitas Leite - Bibliotecária - CRB 8/8415

Editora Malê
Rua Acre, 83/ 202 - Centro. Rio de Janeiro – RJ CEP: 200.81-000
www.editoramale.com.br
contato@editoramale.com.br

"Meus sentimentos, pelo fato de serem exclusivamente meus, não me interessam: pertencem a mim e a mais ninguém. Não me interessa sua dimensão individual, mas sim como são atravessados pelo que não é meu. Ou seja, por aquilo que emana da história de nosso planeta, da evolução das espécies, dos fluxos econômicos, dos resíduos das inovações tecnológicas, da preparação para as guerras, do tráfico de escravos e de mercadorias, da criação de hierarquias, das instituições penitenciárias e de repressão, das redes de comunicação e vigilância, da sobreposição aleatória de técnicas e de grupos de pesquisa de mercado e de blocos de opinião, da transformação bioquímica da sensibilidade, da produção e distribuição de imagens pornográficas."

(Paul B Preciado, Testo Junkie, 2018)

"1/4 de mim, 1/2 hora de mim, quinze para uma de mim. Eu inteira e já era outro tempo. Tempo perdido era aquele em que não reverenciava as horas e não me prostrava diante do eterno movimento.

Mas o tempo morreu.

Há muito deixei de senti-lo em meu pulso. Sei que isso aconteceu porque vi o relógio da cozinha se lançar da parede ao chão. Juntei os cacos do meu frágil deus máquina-relógio.

E tudo fez silêncio."

(Gênesis, 2016)

Dedico este livro a Letícia Brito, fragmento de mim que hoje me permite que eu seja, em plenitude.

Dedico também a todas as mulheres e travestis que me são referências, aos homens trans que ressignificam a masculinidade, às corpas não bináries que põem em xeque às normatividades da língua e de gênero.

Dedico aos poetas que me instigaram sobre a necessidade deste livro: Ramon e Maria Rezende.

Dedico, especialmente, ao futuro dos meus filhos Arthur, Otávio e Mavi, ao amor e parceria de Débora e ao acolhimento de minha tia Nice.

Sumário

PREFÁCIO DO AUTOR 13

VELOCIDADE DO SOM 15

GATILHO 17

GRAVIDADE 19

LEVITAÇÃO 21

"DESMETAMORFOSE" 23

UM NOVO LAR PARA MENINOS POETAS PRETOS
PERIFÉRICOS VIADOS QUE SE SUICIDAM
OU (A BUSCA DA CURA) 25

BARREIRA ACÚSTICA 27

FÍSICA APLICADA 29

PROCEDIMENTOS DE EMERGÊNCIA 31

QUEDA LIVRE 33

(AUTO DE) RESISTÊNCIA 37

PELA TANGENTE DO INTANGÍVEL 39

DURA LEX (SED LEX) 41

NUVENS SÃO DISCOS RÍGIDOS EMPRESARIAIS 43

MERIDIANO DE GREENWICH 47

VERMES SOB A EPIDERME 49

LINHA CRUZADA 51

INTERVENÇÃO DE EMERGÊNCIA 55

AÇOUGUEIRIAL KILLER 59

REFLUXO 61

PORCELANATO 65

VELOCIDADE E TEMPO DE REAÇÃO 67

CARTA DA LAGARTA AO BESOURO 69

CAIXA DE PANDORA 71

SOMOS TODXS ZUMBI 73

ALDEIA CUÍRLOMBOLA DE ESCREVIVÊNCIAS 75

MEMÓRIA AFETIVA 79

MEMÓRIA DE FUTURO 81

VOU-ME EMBORA PRA PASÁRGADA 85

PREFÁCIO DO AUTOR

A você, leitor que chega agora na minha vida, saiba que relutei muito em relançar este livro. Este livro foi lançado em 2018 por meu cisheterônimo (terminologia que criei na tentativa de lidar com o fato de ter ajustado meu nome à minha percepção de gênero e ainda ter livros com o nome morto para vender). Durante algum tempo pensei que ajustar o nome na publicação poderia ser um silenciamento ou até machismo dessa identidade mulher que durante algum tempo tentei habitar. Entretanto, como negar algo que construí? Como dissociar eu de mim mesmo? Por que não reconhecer que minha trajetória é parte do todo que me construo? E se este livro teve em sua primeira edição todos os exemplares vendidos, não seria isso o bastante? Saber que estes poemas ainda precisam ser lidos. Então, queride leitor. Esta segunda edição tem somente o ajuste de meu nome, de forma a consolidar minha trajetória e meu trabalho com quem sou. Agradeço que tenha adquirido este exemplar e ainda acredite na poesia, antes que seja tarde.

VELOCIDADE DO SOM

O poeta grita,
O poeta berra.
É um inconformado,
um idealista,
um escritor que sonha a sua maior conquista:
de serem mais leitores que ouvintes,
de serem mais poetas que pedintes,
nas praças, nas ruas,
na nossa nação...
mas enquanto o mundo é dos analfabetos
O poeta grita,
o poeta berra
pra quem tiver olhos ouça,
pra quem tiver ouvidos veja,
pra quem tiver esperança sinta
que a voz que ecoa nas praças nunca minta
— Estamos transformando o mundo! E ouçam todos:
padre, professor, polícia, patrão...
Estamos transformando o povo em poetas,
a rua em cultura

e a revolução?
A revolução não será discreta
pois agora
— em cada esquina —
nascerá um poeta.

GATILHO

Eu tenho pesadelos, todas as noites.

Eu tenho pesadelos e acordo com o choro de minha mulher que não consegue dormir.

Ela pergunta se eu quero que ela tire a perna de cima de mim.

Ela pergunta se eu quero que ela tire o peso de nossos ombros, de nossos corpos cansados.

Corpos gordos, cansados, com pelos nas axilas e feias. Feias, fadigadas e feministas e de esquerda. Não somos bonitas como as mulheres de direita.

As mulheres direitas são fraquejadas e limpas e de axilas depiladas. Não desminto essa informação.

Eles não entenderão que eu não sou mulher e tampouco quero ser um homem.

Eles jamais entenderão a escolha de ser um corpo manifesto na cidade.

Eles jamais respeitarão nossos nomes, nossas identidades, nossas corpas, gordas e grandes e sujas.

Ela me abraça com as pernas e range os dentes enquanto teme que algum homem volte do passado para fazer um mal repetidamente, violentamente, que viole nossos corpos, nossos direitos, nossas identidades.

Eu tento escrever essas memórias com um final menos cortante, e viro pro outro lado e juro que acredito que ontem mesmo eu tinha um poema na boca, uma palavra em que eu acredito que transformou outras mulheres, eu juro que anteontem mesmo eu falava essas palavras de esperança e revolução e várias mulheres ouviam e concordavam que somos revolução e eu juro, não, "quem jura mente"...

Eu afirmo que ontem mesmo eu vivi esse tipo de tortura, de violência, de silenciamento. Ontem mesmo eu perdi amigos, familiares, parentes, ancestrais...

E eu prometo, pela minha vida, que hoje mesmo...

— me abraça, meu amor, dorme tranquila

Eu prometo que hoje mesmo a gente vai falar palavras de democracia. Eu prometo, meu amor, que hoje mesmo a gente vai fazer acreditar novamente.

A gente vai fazer, Viver,

Acreditar, Ser

Essa multidão.

GRAVIDADE

Pelos caminhos, tapumes e escombros

Sobrevivi às — três ou quatro — escoriações do trajeto.

Nenhuma fratura exposta.

Somente as vísceras — essas companheiras peristálticas — me sobem em borboletas através do esôfago, em seguida, se contraem como um murro na boca do estômago.

Sobre os ombros, quilogramas de decisões somados ao peso da gravidade equilibram-se no trapézio sob o jugo da dúvida.

Felizmente, a velocidade de meus pés cansados não é menor do que as asas que me saem, herméticas, como em beija-flor, adocicado pelo sabor do pólen dos jardins que ainda restam pelo caminho.

Tudo fica um pouco mais calmo quando respiro... e percebo que o mesmo ar que me insufla o peito, expande as costelas e refrigera o ego, levando-me a profundas contemplações:

— sou carne, derme, pelo, verme, flor e espírito

Sou também suor.

Suor que se derrama de ti e de mim e pelo qual deslizas em meus poros,

mistura nossas carnes,

confunde nossas cores,

perfuma meus dedos,

extrai-me dois ou três suspiros

e me retira o peso dos ombros,

as dores dos cortes,

o sangue das veias,

e só me restam artérias, então, pulso

...tum Tum tum Tum... Sou pura sístole e diástole, me contraio e me expando, num TIC TAC terrorista onde só há silêncio, pulso, tensão e espera.

Até que explodo... em mil pedacinhos de calma.

Foi nos caminhos de teu corpo que reconheci minha alma.

LEVITAÇÃO

Oh, preta,
Vem e me diz de onde vêm tuas dores
que me contaram de tua solidão.
Eu não acreditei e vim pedir favores
porque tu mexes com meu coração.
De onde vem o peso desse olhar profundo?
Que é teu meu mundo, e mais daqui não saio
E se pedires te ponho em meu colo
e abandono o solo, e danço sem ensaio.
Me dê tua mão, vem caminhar comigo
e beijo desde o umbigo
até onde a alma almeja.
Une meu corpo com o teu desejo,
vem ser minha companheira
pra eu te encher de beijos.
Esquece quem não quer me ver contigo
que teu maior perigo é a felicidade.
Negar essa chance é até sacrilégio,
me dê o privilégio de amar de verdade.
Leve meu corpo nesta contradança

e faz-me de criança com tua beleza.
Vem rir comigo até o raiar do dia
que a vida é mais feliz vivida com pureza
que a vida é mais feliz vivida
que a vida é mais feliz

"DESMETAMORFOSE"

Chega uma hora em que a vida é tão urgente que tanto faz sua problematização.

Se você queria morno quando estava quente ou se a TV atrapalhou a sua visão.

A vida é hoje, o tempo urge, o problema ruge e ai de quem não for leão.

Ou luta, ou foge

tal qual gazela,

zebra, rato ou lebre,

antes que alguém te quebre

sem consideração.

Juntar os cacos, trocar a mobília, aguentar a família sem decepção. Andar de pijama, cantar em tributo, falar francês, levar um esbarrão A vida é ontem

O passado é sempre

Antes do fim do mês não tem liquidação

Furtar um fone, fazer empréstimo, sem CPF ou complicação.

Pedir esmola, andar apaixonado, outra mulher ao meu lado, ir pela contramão

Atravessar a rua sem olhar pro futuro, perder o medo do escuro, levar o lixo pra fora.

Ver outro amor indo embora, mudar de endereço, levantar de um tropeço, sonhar com o Uruguai.

Comer só doce de leite, queijo com rocambole, ligar só pra te dar mole, levar um fora e partir.

Ganhar um abraço em silêncio e regredir pro casulo como uma desmetamorfose — que é o inverso de metamorfose.

Perder as asas no sol, derretidas ao vento, dormir no chão ao relento. Fingir jogar futebol.

Fazer como um caracol, botar a casa nas costas.

Mudar de nome e planeta, levar só papel e caneta. Escrever mais três poemas, gritar com a boca no mundo.

Rasgar o peito profundo, perfurar o miocárdio. Trocar de órgão vital, mudar de nome no hospital. Entrar em qualquer banheiro.

Fazer as pazes com o travesseiro.

Desistir do suicídio,

ler mais um poema,

rir do seu problema,

ver televisão.

UM NOVO LAR PARA MENINOS POETAS PRETOS PERIFÉRICOS VIADOS QUE SE SUICIDAM OU (A BUSCA DA CURA)

Sejam bem viados, diz o capacho em frente ao portal.

Capachos são simbólicos. Normalmente viram metáforas.

Aqui, metáforas são reais. Entre tranquilo.

Sei que a luz pode incomodar um pouco seus olhos ainda cansados pela materialidade, mas não os feche muito, aqui é um local onde ninguém ofusca ninguém e todos brilham incessantemente. Afinal, a vida aqui é repleta de luz. Não era isso que você veio buscar?

Amar? Pode. Viver de poesia? Também!

Transformamos cada beijo em sopro e cada fôlego em profunda respiração. Aproveite pra se adaptar às novas asas e mergulhe. Afinal, a vida aqui é repleta de poesia. Não era isso que você veio buscar?

A voz de todos ecoa como um mantra, e todos sabem a hora de calar para ouvir. Fique atento ao instante. Você também saberá. Afinal, a vida aqui é repleta de compreensão. Não era isso que você veio buscar?

Todas as manhãs, ouvimos o canto dos pássaros, cheiramos as flores e rolamos nus em gramas úmidas — antes de banhar nas águas doces que acalmam nossos corações. Há muito banzo da vida pregressa. Afinal, a vida aqui é repleta de aconchego. Não era isso que você veio buscar?

Não se preocupe com as contradições, nuvens poderão servir de solo e pétalas frequentemente flutuam junto da leveza das almas de nossos companheiros. Afinal, a vida aqui é repleta de leveza. Não era isso que você veio buscar?

O arco-íris tem cores mescladas e aponta sempre que você escolhe quando é manhã. Afinal, a vida aqui é repleta de cores. Não era isso que você veio buscar?

Ser feminino pode, ser masculina também, mas preferimos estes seres híbridos, gente livre que dança ao redor das estrelas...

Vê aquele cometa? É Daniel que acabou de chegar e encontrou tudo que também buscava. Dancemos.

BARREIRA ACÚSTICA

Gatos disputam com Pablo a atenção dos nossos ouvidos. Agradecemos por fazerem mais barulho que nós.

Agradecemos por fazerem mais barulho do que a fricção e o vácuo do encontro de nossas curvas. Que eles não nos ouçam

Já estamos cansadas de gritar

Que eles não nos ouçam

Aqui dentro reina silêncio

Ouço apenas sua respiração

O som que faz o deslizar de minha mão em tuas ancas

O tilintar de sua língua

Outro beijo ensurdecedor

Que eles não nos ouçam

Que haja um quarto escuro nessa sociedade emudecida com paredes reforçadas em proteção acústica

Onde eles não nos ouçam

Já estamos cansadas de gritar

Hoje "Eu e ela, ela e eu (e o amor)"

vamos apenas gemer

FÍSICA APLICADA

Não se prova, senhoras e senhores, a resistência de um peito se uma bala o atravessa,

a não ser, é claro, que haja um colete à prova de balas

mas qual criança que vocês conhecem

volta da escola às 4 da tarde portando colete à prova de balas?

O projétil é lançado — por força do estado — para o alto, em direção àqueles que lá foram exilados e segue um percurso em forma de parábola — que é uma curvinha assim "∩" por conta da gravidade.

A gravidade trata o projétil da mesma forma que o rico trata o pobre nessa sociedade:

"onde tudo o que sobe, um dia vai ter que descer".

E, se desprezada a resistência do ar e considerada uma aceleração constante de 9,8 metros por segundo ao quadrado, o projétil segue num movimento retilíneo uniformemente variado e desce na mesma velocidade horizontal em que subiu.

Metálico, frio, pontiagudo, cortante, precisamente em direção ao peito do menino,

que cai,

— sem atingir suas potencialidades —

confirmando as estatísticas.

Peito resistente

é o de sua mãe preta

que transformou luto em luta.

PROCEDIMENTOS DE EMERGÊNCIA

Esta sociedade foi feita pra você desistir.

Eu conheço muitos que desistiram e não te culpo se você tentar.

Esta sociedade foi feita pra você fracassar. Esta sociedade foi feita pra você acreditar.

No mérito de vencer, no capital, no papai-noel e na Cocx cola.

Esta sociedade foi feita pra você vender. Sua fé, seu corpo, seus valores, sua honra.

Esta sociedade foi feita pra você lutar. Só assim você vai precisar comprar armamento e reforçar o poderio bélico, e negociar, e comprar e vender pra poder lucrar sobre os corpos — automatizados — de pessoas tristes e conectadas que fodem e bebem e bebem quando não conseguem foder e fodem porque não sabem amar e dão *match* e compartilham sem entender o real significado de compartilhar.

Esta sociedade flutua sobre a disputa da narrativa e é dada a correntezas que puxam o fluxo conforme a economia determina.

Seguimos, portanto, nesta embarcação monitorada por GPS seguindo as instruções da tripulação e sem alcançar o comando do leme. Estamos felizes por não estarmos submersos e os 10% dos assentos que são preferenciais não são pra você. Mas fique calmo e siga os procedimentos de emergência, não há colete salva-vidas para todos.

QUEDA LIVRE

Insone

Transitando entre meus sonhos e as realidades possíveis

Quisera ser menos sonhadora num mundo capitalista

Sonhara ser menos analfabeta num mundo de poetas

Pudera ser menos branca num mundo de racistas

Ousara ser mais mulher na luta pelo poder

Nada funcionou

O fracasso vive à espreita e chega já

Não tarde a falhar

Não fale ao entardecer

Não corra menos

Não morra logo

A pressão já vai aumentar

Ninguém envelhece imune a alguma doença crônica

Pode esperar

Não perca por esperar

Não canse de esperar

Reaja

Ou ao menos se jogue deste precipício e torne este fim um tanto mais épico

Que seja imortal enquanto ouse
Que seja infinito enquanto arte
Que seja arte enquanto dure
De resto, ature
Isto também passará
Voando como seu sono que sempre se atrasa, tal qual você
Seu sono teme os compromissos
Ou desafia a percepção de tempo
A perplexidade e o vento
A flexibilidade e o talento
Deita
Fecha os olhos
Finge de morta
Fingir é melhor que morrer
Você não vai nunca saber nem de um nem da outra
Um porque finge mal, a outra porque já não estará mais aqui pra saber
Ninguém sabe
Não pisaste na lua e nem vistes quem ergueu as pirâmides
Eram os *sheiks* de Dubai alienígenas?
Quem acredita na beleza da babá da bela modelo?
Os enigmas da humanidade estarão preservados pelos Iluminati
E descritos como crônicas pobres no próximo livro do Dan Brown
Que tenho eu par nisto tudo?
Tanto faz
Meia-dúzia chorarão, lamentarão a juventude ou culparão minhas células adiposas
Melhor nem pensar

Devo ter alguma ideia que funcione
Algum *crownfounding* ou *co-working*
Ou alguma palavra difícil que justifique tantas injustiças e privilégios
Quem sabe eu consiga escrever um livro?
O que me faz supor que alguém queira ler poemas?
Como sobrevive a poesia num mundo concreto, inábil, amorfo?
Gostaria de mudar de cores, adapte-me, rapte-me, capte-me, camaleoa
Sonhe e volte pra cama
A imortalidade já existe
Não é preciso viver
Não é preciso escrever
Não é preciso
Nada
Nem terminar o poema
Durma e pense nisso amanhã
Ninguém resolveu nada hoje também
Não se cobre por isso.

(AUTO DE) RESISTÊNCIA

Conte os mortos pelo sistema
Ateie fogo num poema
Eles dirão que não foi massacre
Não, por favor, não contra-ataque
Fique mudo, calado, calmo
Deite seu corpo a 7 palmos
de terra com posse em reintegração
Atire-se suavemente na frente
de um caminhão
Mas vá com calma, seja gentil
Mostre que o povo é o orgulho do Brasil
Um povo brando, um clima ameno
Quanto você quer por esse barraco mais o terreno?
É que tão chegando uns gringo aí — gente bacana — e estão querendo vista pro mar de Copacabana
Com essa grana,
você mora tranquilo em Pedra de Guaratiba, Sepetiba, Campo Grande, Bangu, Cazaquistão...
Ou prefere ficar aqui fugindo do camburão?
Tá querendo escolher?
Acreditou na democracia?!
— Mataram ontem o filho da minha tia

meu primo mais maneiro,
chamaram de vagabundo, de meliante.
Era usuário — maconheiro —
mas foi morto como traficante.

Trabalhe duro, e fique calmo
Você não faz mais do que a obrigação
Não sonhe alto, poupe o fracasso
e evite a própria decepção
Você não tá morto
mas vai ficar
— espera só o Bope chegar —
Conte os mortos pelo sistema
Ateie fogo num poema

PELA TANGENTE DO INTANGÍVEL

Depois que lhe disse "Te amo"
Não me restaram mais muitas palavras
Pois de amor subentende-se
o intangível mais sublime

Então segui a repetir a cada dia,
a cada três horas, esta declaração
mas se não estivermos atentos
o sublime não cabe no rotineiro

E o que era lisonjeiro perde valor
Ninguém escova os dentes,
ou corta a unha do dedão do pé,
falando de amor

A isto excetuo espremer cravos e espinhas, não há nada mais íntimo do que fazer eclodir as secreções
de outra pessoa.
E assim, tentando reinventar minhas declarações, devo dizer que estou com uma saudade enorme de
espremer aquela espinha
— que você detesta —

O meu amor tá aí
Estampado
na tua testa!

DURA LEX (SED LEX)

Pegue 3 punhados de hipocrisia
e unte a forma
Depois, babe
um fio de saliva dos justos
com palavras virgens e reprimidas
Salpique raiva a gosto
uma pitada de violência
e coloque na vinha de formol pra descansar
— para saber o ponto certo, verifique se a verdade está bem diluída
Coloque alho, pimenta, fermento e comparsas
Você terá um barro oco, gorduroso e sem escrúpulos
Adicione excrementos e cuspa
Congele por 4 anos em uma câmara
Requente em banho-maria em assembleia
Leve ao forno das negociatas e aguarde três escândalos
Espere crescer
Desenforme. Acredite, e sirva ao eleitor
E se ele te enganar
trair ou decepcionar
Aceite!
— Em caso de estupro, a culpa é sempre da vítima —

NUVENS SÃO DISCOS RÍGIDOS EMPRESARIAIS

Eu já alterei as senhas e o *e-mail* de recuperação, nada disso me faz me sentir mais segurx.

O terror foi eleito democraticamente pela maioria da população e twiua calmamente dando bom-dia à família tradicional brasileira todas as manhãs enquanto o gosto de vômito perturba com acidez meu diafragma que prende minha respiração.

Calmamente. Não há muito o que fazer.

Todos os recursos emocionais foram utilizados e presos em segunda instância sem direito a julgamento.

Não há quase nada a fazer. Sorria. Escreva um poema e espere este final de ano com a sensação de que o ano já começou antes aqui na nossa rua, pra manter o clima de esperança e autocontrole.

Deve ter algum velhinho de barba e de vermelho que nos traga alguma esperança. Nosso verde desbota as cores do progresso e — tanta ordem e obediência — já estão fazendo doer meu pescoço, devido à cabeça baixa.

Toda terra sagrada será transformada em nióbio, metal pesado e tóxico cujo nome se origina da deusa grega Níobe que perdeu catorze filhos e foi transformada em rocha por piedade de Zeus. E ainda rocha vertia água por uma nascente. Todo o choro da Deusa que corre ao mar já não me acalma.

Faz tempo que não choro.

Sigo trabalhando, desviando de setas que me apontam e evitando as tretas.

Tenho trocado tretas por histórias fantásticas de mulheres que bebem e sonham.

Ainda me sinto um tanto anestesiadx.

Estamos lutando uns contra os outros.

Não fortalecemos o inimigo, mas tampouco nos fortalecemos.

Faz tempo que não choro.

Sonho acordadx desde que decidi que pretendo envelhecer vivx.

Que venham as doenças crônicas.

Tenho tomado o remédio de pressão, e a depressão faz um tempo que mantém a medida protetiva que apliquei.

Que venham as osteoporoses,

as dores nas juntas,

as menopausas,

e a tão esperada sabedoria.

Venha antes que eu me aborreça novamente com um monte de jovens e que não consiga ouvir.

Ouvir é melhor que falar.

Que venham as soluções práticas,

o afeto,

algum dinheiro — ao menos pro aluguel, pra cerveja, pro *xuber* e pra escola das crianças.

Que as crianças possam pintar seus cabelos sem ser julgadas por familiares reprimidos. Que eu não tenha que tomar ainda mais comprimidos

e que eu dedique tempo e dinheiro à terapia que tem me mantido vivx e estável em tempos de transformação.

Que nossos corpos não sejam escudos e nossos ícones não sejam profanados.

Que troquemos militantes por ativistas.

Luta por vida

e resistência por resiliência.

Que nossa vida seja menos bélica e mais bela.

Que a "gratidão" não caia em desuso por pieguice,

ou melhor, que a gratidão seja substituída pelo "máximo respeito".

Que quem me respeita é de quem mais eu me agrado, e agradeço.

Que o abraço siga sempre sendo uma oportunidade de encontro de dois corações.

E que os beijos sejam sempre a oportunidade de comunicação mais plena dentro de um instante, entre dois indivíduos.

— E que 2019 não nos tire muito do que já conquistamos. Sigamos!

MERIDIANO DE GREENWICH

Eu acordo cheia de tesão às 4h37 da manhã e ela dorme. Eu estou cheia de tesão às 6h45 da manhã e ela segue roncando e resmungando de meus carinhos. Já fiz três poemas. Já olhei a vida dos outros. Já tentei acordar ela três vezes. E isso parece vingança das vezes que chegamos bêbadas às 3h15 e ela tenta me comer e eu durmo.

VERMES SOB A EPIDERME

O meu amor tem uma pereba debaixo do sovaco esquerdo.

Isso me faz pensar em três coisas:

Primeira, amor e pereba não cabem na mesma frase de um poema, embora torne o amor bem mais realista.

Segunda, "senhor perebas" é o nome do rato, do Rony, amigo do Harry, o Pouer, que não era rei, mas Bruxo.

Terceira, *suvaco*, também pode ser *subaco*.

E fica sempre a questão:

se é *suvaco* deve ser de alguém que toca cavaco, um souvaco cavaquinista? *Suvaquinista*.

Ou de alguém que torce pro Vasco, um *suvascaíno*!

No caso de *suBaco*, a pessoa cultua Baco ou ouve Bach?

Então *suBaco* é mais erudito que sovaco?

Então por que a saudação ao Deus Baco é Evoé e não Oboé?

Ebó? É?

— Meu corretor troca Deus Baco por Deus Bacon. Estamos perdidos...

LINHA CRUZADA

Atravessa a minha vida
Como uma linha cruzada
Já não há linhas cruzadas
Graças à telefonia
Atravessa a madrugada
Como um trote de sequestro
Faz me lembrar que não presto
E salva minha monotonia
Eu atendo ao teu trote
E finjo ter esse filho
Reclamo de tanto frio
E deixo fora do gancho
Escrevo qualquer garrancho
E chamo de poema
Me faço cafona
Pedaço do "esquema"
Esquento, requentas
"E o 10% aumenta"
Não sei mais meu rumo
Me aceito, te assumo
Me encantas
Sem prumo

Me aceitas também
Te faço minha dona
Repito, sou cafona
Não reclama
Me abraça
Só quero teu bem
Faz tempo
Quase ontem
Quem sabe pra sempre
Bora só andar pra frente
Te espero ao meu lado
O sinal tá fechado
E eu nem sei pra onde ir
Nem mesmo o que dizer
Para aqui, me faz sorrir
E me abraça até adormecer
A vida é tão leve
Tão simples, tão ontem
Tão tensa, tão sempre
Tão sei lá o quê
Me faz companhia
Por mais uns três dias
Te apresento minha tia
Ela também gosta de você
Espera, não faz planos
Nem cria um rótulo

A vida é tão complicada
A gente nunca tá preparada
Pra ser amada
Mas a gente merece
Estar encantada
Sonhar acordada
Viver cada dia
Sem prometer nada

INTERVENÇÃO DE EMERGÊNCIA

Eu ando vendendo *glitter*

que é pra ajudar as pessoas a acreditarem no seu brilho próprio

Eu ando vendendo *glitter*

mas o biodegradável tá pela hora da morte

E o brilho agradável do dourado holográfico na pele faz um bem danado à autoestima e atrapalha um pouco nos métodos contraceptivos, afinal é carnaval,

e o seu copo plástico também mata tartarugas marinhas,

aliás, você vestido de tartaruga ninja

com o copo plástico na mão

recriminando meu *glitter*

mata menos tartarugas marinhas que a polícia mata pretos,

e, ainda assim, você não pode ocupar seu lugar de fala,

nem dos pretos,

nem das tartarugas,

nem dos ninjas.

Eu ando vendendo cachaça

que é pra poder brilhar

a cada vez que provo a dosagem no liquidificador e penso que uma lasca de gengibre a mais equivale a uma vírgula bem colocada num poema,

pense...

Eu ando vendendo cachaça
porque *glitter* dá uma trabalheira pra tirar
com hidratante, óleo de coco e condicionador
e o povo já voltou a trabalhar
e um brilhinho na sobrancelha já justifica o olhar recriminatório do patrão que é um mala e tava em Teresópolis pra fugir do carnaval.
Eu ando bebendo cachaça
porque eu vendo muito mal,
afinal quem mandou inventar de vender coisas,
logo eu que sou contra o capital e sou contra intervenções
sejam elas militares ou federais, civis ou estaduais,
do estado ou ao meu corpo.
Eu ando bebendo cachaça demais
porque o estado está intervindo demais
e só a cachaça liberta os exus das esquinas da cidade de São Sebastião
— que laica mas não morde —
e assopra vela pra todos os santos
sejam eles "merlicianos", ou "framenguistas",
afinal ainda tem um final de semana pra fingir que é carnaval.
Eu ando vendendo coisas
(inclusive livretos)
que é pra conseguir pagar boletos e ter um nome limpo de poeta na praça
— seja esse nome ou o social que nunca escolho —
porque na verdade eu queria mesmo era não ter que vender

mas distribuir poemas escritos
mas infelizmente o pessoal ainda não aprendeu a ler
então só nos resta pedir um abraço...
Eu ando aceitando abraços.

AÇOUGUEIRIAL KILLER

O que pensava o açougueiro assassino antes do sequestro da mulher gorda:

Ah não! Por que me aparece agora esta mulher gorda?

Maldita mulher gorda e suja que me faz sentir o pecado e repuxar minhas entranhas.

Não posso parar de pensar naquele traseiro branco e gordo

Penso em apalpá-lo

Penso em aplaudi-lo

Mas mulheres gordas não são saudáveis

Melhor é comê-la escondido...

O que seria de minha reputação se andasse de mãos dadas com a difamada?

E ela tem aquele ponto preto na ponta do nariz

Não sei se é verruga ou se é berruga...

Só sei que me enruga a testa e me endurece as partes tua estranheza

Queria metê-la em minha boca

E arrancar-lhe aquela taturana

E mordê-la toda, aquela gorda

Aquela bruxa maldita

deve ter feito uma magia negra pra me causar tal rebuliço

ou talvez esteja naquele batom vermelho, seu feitiço

Vou me vingar dela
Vou esquartejá-la
Só assim poderei comê-la sem culpa.
Um toicinho de minha mulher amada e gorda
E vou também vingá-la
Vingá-la desta sociedade magra e hipócrita
Vou vendê-la como pá, peito e acém
Pensando bem
...
Vou ganhar um milhão de meu mulherão
Vou botar a placa de Filet Mignon
E vou dizer que é Free boi!

REFLUXO

Quero beber e comer banana
olhando nos olhos da Rihanna
e comer pastel com caldo de cana
e na cama, Leminski ler
Quero me afirmar
gaúchx da gema
e xiar ao falar poema
e sofrer menos com nossos problemas
de favela e upp
Quero fazer zig zag
e pisar só no branco
das pedras portuguesas
do calçadão de Copacabana
e bocejar com a perna bamba
só pra te ver bocejar também
Quero parar de comer carne
e passear com sete gatas em Pasárgada
que, às segundas, fica no Andaraí
e tem gosto de brahma com acarajé
Quero fruta no pé
e bolinho de arroz
e um tijucano pra comer depois

que não seja branco e não torça pro vasco
— se não for pedir muito
Quero baile charme em Madureira
na quadra de basquete, debaixo do viaduto
quero gente-que-faz, barraco e tumulto
saia justa, e samba no pé
Quero abrir o leque
fazendo barulho
e tirar *selfies* inesgotáveis
com aquela gente sem gênero
e aquela que nasceu mulher
mas ainda luta pra usar o nome
(e o corpo) que quer
Quero falar até entortar a boca
sobre todos os tabus
com uma gente louca
e gritar até ficar rouca
que identidade é quem sou agora
Quero toda hora, e também depois
ter muitos conhecidos
e confiar em uns dois
que são aqueles que sempre se atrasam
Quero para sempre e a cada dia
lutar — sem me perder — nessa carioca euforia
retrato de cores da desigualdade
de mímicas que traduzem a Babel

de línguas que tocam o céu
de corpos que sangram com a realidade
Quero navegar no Rio Maracanã
"do modess e camisinha"
já não Blanc como Aldir
Quero lutar para que Alvo
Não seja a cor dos que têm privilégios
Não seja a dor dos que movem a cidade
Quero a verdade,
à vontade
preto-vivo
nu-cú
beijo-gay
liberdade
um Rio de janeiro a dezembro
– sem entupir os bueiros –
e um pouco mais de felicidade

PORCELANATO

Karla Mello, mais conhecida como Ká
tinha um trabalho informal
levava artesanato indiano
para vender na Central
Bichinhos de louça
um verdadeiro bibelô
três por 10 real
gritava a camelô
De cor caramelo
com uma cocova
O de mais sucesso
Era o camelo
O camelo caramelo de K Mello a camelô

VELOCIDADE E TEMPO DE REAÇÃO

Três laranjas, uma oportunidade
Uma na mão direita, mão esquerda aguardando a terceira
— Duas oportunidades voando —
Velocidade e tempo de reação
Corre
Desvia de bala
perdida
por vielas escuras
Salta o lixo
não pisa na poça
Dança
Não mata aula
Mataram mais um vizinho
— Não chora
Faz um bico na feira
Espera a hora da xepa
Guarda três laranjas
Descola um trocado
Pede carona
Pula a roleta
Para no sinal
Circense, artista

De laranjas, malabarista
Na vida,
equilibrista

CARTA DA LAGARTA AO BESOURO

Eu sei que você não gosta quando eu miro o infinito e fico com o olhar perdido por sobre seus ombros.

É difícil explicar como cheguei até aqui e ainda mais difícil entender como você resolveu ficar.

Eu lembro bem quando amarrei meu corpo inerte e pendi sobre o pescoço, lembro dos pensamentos terríveis que me afligiam e lembro do peso do seu corpo sobre meus ombros já cansados.

Carreguei o mundo, você e meu corpo, e por um tempo você nos sustentou eu, meu corpo e o mundo, antes que a corda se rompesse.

Ao romper da corda, vi seu olhar de desespero e ri. Livre de amarras, pensei termos enfim encontrado um rumo.

Ainda que estivesse mais feliz com a euforia da aceleração de nossa velocidade do que com a percepção de queda.

Quem conhece a queda teme a aproximação do instante em que toca o solo. Então, você ameaçou saltar e abandonar nossa queda livre. E por mais que eu pudesse te avisar para ter calma, não estavas confortável. Toda metamorfose tem seus casulos e eu entendi quando não consegui te envolver no meu. Fechei-me. Na espera da queda, na paciência da transformação da carcaça. Na solidão de teu abandono.

Na dor das asas que se rompiam por trás dos ombros.

E antes que o casulo tocasse o chão.

Vi as cores se abrirem em longas asas.

E voei.

Espero em alguma flor ainda te encontrar.

CAIXA DE PANDORA

Eu tenho a sorte de escrever sem pensar

Eu tenho azar de pensar demais e escrever me faz livre desses comprometimentos.

É muita dor diária, é um mundo diferente do que a gente sonhava.

 Escreve e repensa o mundo e você terá a solução dos seus problemas internos e pessoais.

A solução está nas nossas cabeças dentro de caixas soterradas por dores, traumas e pensamentos de incapacidade.

Encontrei ontem minha caixa de talentos e me descobri artista tirando a poeira e as teias de aranhas das caixas do meu interior.

Há um sótão e uma dispensa no meu quitineti dourado do inconsciente, onde tenho meu banheiro único e privacidade e caixas e caixas de soluções para os problemas de mim e do meu mundo.

Sou um encaixotador de sonhos.

Pandora do meu futuro.

Abri meus pertences

e me descobri em mim.

SOMOS TODXS ZUMBI

Não existe mais tempo
O tempo acabou
E ainda assim eu tenho pressa
Eu tenho muita pressa
De correr
e impor velocidade ao meu corpo
até impulsionar a inércia
e acelerar de forma constante,
Exponencial
Romper as barreiras do som
Romper as barreiras da luz
Romper o espaço-tempo
O mundo acabou no ano passado
Anteontem mesmo eu me tornei Zumbi
Somos todos Zumbi
Não como o de Palmares
Mas o pós-apocalíptico
Eu sou zumbi
Corpo, mente, inerte,
sem reação
somos fantoches de um sistema
que nos suga os valores da alma
E nos cobre de roupas e marcas

Eu sou um número
Um CPF, um RG
Tenho o nome sujo
E um avatar que sorri
Eu sou uma arroba
E compro meritocracia
No *fast food* da esquina
Onde não se ensina
Filosofia
Sociologia
História
Eu estou numa caixa rosa
Deitada num divã
Que vai me dar a cura
Pras minhas mazelas
Passarei a não ver desigualdades
Passarei a não acreditar no racismo
Eu sou puro privilégio
Eu sou pura gratidão
Somos todos amigos
Somos todos cristãos
Somos todos iguais
Somos um sucesso
Somos o país do progresso
Tem que ver esse negócio aí
Tá ok?

P. S. "Não me sinto confortável em mostrar, mas temos que expor a verdade para a população ter conhecimento e sempre tomar suas prioridades. É isto que tem virado *muitos livros de poesia* no Brasil. Comentem e tirem suas conclusões".

ALDEIA CUÍRLOMBOLA DE ESCREVIVÊNCIAS

Viemos por meio deste manifesto

contar quem somos e dizer que antes de não poder ser — coisa imposta pelo julgamento de pessoas —

já éramos.

Viemos de antes das regras, das gramáticas, existimos antes de sua colonização.

Pois somos nação antes da chegada da que hora se intitula e aqui hoje nos denominamos: Aldeia Cuírlombola de Escrevivências.

Somos Aldeia

Porque filhas dos povos nativos desta terra aqui já estávamos antes de tua escrita chegar.

Antes da primeira carta de tua língua julgar nossas belezas, já fazíamos literatura.

Somos Cuír

Porque nossos corpxs estranhos não seguem teus padrões estéticos.

E antes de imporem tuas famílias, tuas medidas, teus cidadãos de bem, tua moral e tua ordem,

aqui já estávamos.

Pois somos a poeira das estrelas e brilhamos bem antes de tentarem nos reduzir a pó.

Não cabemos na estética binária de tua língua normativa. Somos cada corpx possível, somos plural.

Somos quilombo

Quilombo urbano das resistências literárias, das oralidades griot, das histórias de Yabás e Orixás, da roda ancestral.

Pois antes do papel

somos fogo e palavra

Antes da escrita

somos dança e risada

Antes do medo

somos batuque e trovão

Somos o desconhecido

o pretuguês

o valor, antes do capital

Somos Escrevivência

pois nossas escritas

falam de vidas

de sonhos ressignificados

de povos que recuperaram a estima,

o afeto,

e o reflexo de nossas belezas

ao olhar pra margem

- e jogamos fora teus espelhos

Nossas cadeiras não são numeradas

pois não precisamos ordenar pessoas.

Sentamos todos no solo,

ao redor de nossos olhares,

pois somos 1um e nos reconhecemos

e nos reconhecemos pela arte de nossas escrevivências,

pelo valor de nossos encontros,

pela dor de nossos afetos,

pela cura de nossa sabedoria ancestral.

Somos o notório saber, a cultura, a arte, a literatura, o slam, a rima, o rap, a música, a roda, o griot.

As mais velhas, as mais novas, es estranhes, aquelas que não cabem, as julgadas, as presentes, as invisíveis, as que sempre serão lembradas, as que estavam aqui antes de vocês:

As verdadeiras imortais.

Desta forma, por meio deste manifesto estabelecemos que aqui já estávamos e aqui permaneceremos e em círculo nos unimos com todas as brasileiras de tua Aldeia Cuírlombola de Escrevivências e te convidamos a se reconhecer como nós e a agradecer as que vieram antes de nós.

Em uma especial saudação àquela que nos fez perceber tudo isso: - Gratidão, Conceição Evaristo!

Somos as que aqui estavam antes da tua colonização. Somos, da literatura, a revolução!

MEMÓRIA AFETIVA

A memória é um gatilho e dispara os afetos.

Tinge os afetos de vermelho vivo coração.

Atinge as moradas.

Sejam elas no Irajá, Inhaúma, Avenida Brasil ou Catete.

A morada é corpo transeunte e cada corpo é manifesto de si e de suas crenças:

corpo transeunte manifesto de preconceitos, eleitor de fascista;

corpo transeunte subjugado vítima e não vitimista;

corpo transeunte empoderado, feminista.

Cada corpo manifesto de si é festa na cidade, é tiro de festim que fere o afeto, que afeta os afeminados, que mata tantxs e tantas transviados, travestis, transfiguradxs.

Desejados na internet das cine privês, mortxs nas ruas por não merecerem andar de mãos dadas com o opressor.

Lavem as mãos ao cumprimentar um opressor.

Há uma série de bactérias elenãoísticas que podem transmitir pensamentos fascistas.

Precisamos de mais fascínio e menos fascismo.

Parece fácil, ainda que deixemos meleca na tecla se7e. Há se7ecen7os homens brancos e ricos que não têm medo de pôr a mão na merda para conseguir manter seus privilégios, seus benefícios, seus artifícios e seu julgamento.

Existe um padrão e ele foi criado à imagem e semelhança da perfeição, digo... da opressão.

MEMÓRIA DE FUTURO

A palavra corre livre
sem medo de exposição.
A palavra vive solta na boca
e rola no chão.
A palavra "censura"
hoje vive "sem-cura"
e sem medicalização.

A palavra "pau de arara"
é onde araras azuis grasnam
e de lá voam
sem choque ou tortura

A palavra "tortura"
hoje é só uma torta
de chocolate escura.

A palavra "escura"
é sinônimo de coisa boa.

A palavra "preta"
é de orgulho, memória

e afirmação
A palavra "vitimismo"
caiu em desuso
e foi substituída
pela palavra
"gratidão"
que hoje é
multicolorida
e não representa mais
privilégio

A palavra "privilégio"
agora é "provilégio"
e é o nome de um colégio
público no morro da
Providência.
De onde todas as
providências são tiradas
como exemplo.

A palavra "talento"
anda na moda
e todo mundo
sabe seu significado.

A palavra tá valendo um bocado
e toda boca tem fala
e toda fala tem escuta.

A palavra alcança a toda pessoa que dança.
A palavra é par.
É multidão

VOU-ME EMBORA PRA PASÁRGADA

Vou-me embora pra Pasárgada
Lá sou amigx da rainha
Lá tenho a mulher que me quiser
mas nenhuma delas é minha
Vou-me embora pra Pasárgada

Vou-me embora pra Pasárgada
A rainha que me chamou
Assumiu o trono recente
Após a revolução
"Lá a existência é uma aventura"
Ninguém defende a tortura
Amargura ou ressentimento
A palavra que hoje rege é consentimento

Vou-me embora pra Pasárgada

E como farei poemas
Dançarei sem sutiã
Pularei numa só perna
Morderei qualquer maçã
Andarei sozinhx à noite

Sem medo de escuridã

Em Pasárgada tem tudo
É outra civiliza-sã
Tem aborto seguro
pra toda mulher cidadã

Tem prostitutas bonitas
com cargo parlamentar
Tem estrogênio à vontade
pra quem quiser aplicar
Lá tem wifi liberado
E blue tooth em
qualquer lugar

E quando estiver cansadx
E triste de não ter jeito
De dar vontade até
de pensar em me matar

Vou lembrar da premissa
- Lá nenhuma mulher é minha -
Terei a mulher que me quiser
E hoje, quem me quer
É a rainha

Vou-me embora pra Pasárgada

Esta obra foi composta em Arno Pro Light (miolo),
impressa na RENOVAGRAF, São Paulo, sobre papel
pólen 90g, para Editora Malê, em julho de 2024.